La Légende du Mont-Saint-Michel

Louis Foisil

Paris, 1911

© 2025, Louis Foisil (domaine public)
Édition : BoD · Books on Demand, 31 avenue Saint-Rémy,
57600 Forbach, bod@bod.fr
Impression : Libri Plureos GmbH, Friedensallee 273,
22763 Hamburg (Allemagne)
ISBN : 978-2-3225-5908-4
Dépôt légal : Janvier 2025

LOUIS FOISIL

La Légende
du
Mont St-Michel

—

LA LÉGENDE DU MONT SAINT-MICHEL

TABLE DES MATIÈRES

Dédicace
Le Mont Saint-Michel
   I.— Autour de la Fondation
       Le Remplaçant
       * Le Chef de saint Aubert
       ** Bain de Huisnes
       *** Les Reliques du mont Gargan
       Le Soufflet
   II.— Au Péril de la Mer
       La Croix des Grèves
       L'Appel au Sire

III.— Au Péril de l'Anglais
    Tiphaine Raguenel
    Les Défenseurs du Mont (1427-1434)
    De Sable au Chef d'azur
    Les Dogues
IV.— Au Péril de l'Hérésie
    Montgommery
    La « Prise » du Mont Saint-Michel
    Le Baptême des Montgommeries
    Triptyque royal
V.— La Prière des Tours
VI.— La Digue
VII.— Pèlerinage

Figures et Choses du Passé Normand
    Les Wikings
    Rollon
    Arlette
    Guillaume
    Taillefer
    Mathilde
    Saint-Étienne-de-Caen
    Les Croisades
    Olivier Basselin
    Rouen
    Malherbe
    Corneille
Barbey d'Aurevilly

DÉDICACE

> … C'est de lui que je pris
> Les dogmes que je sers, la langue que j'écris……
> V. De Laprade

Me voici relisant sous ma lampe de cuivre
Ces feuillets manuscrits de traits d'encre sabrés
D'où va demain sortir un livre… Mais après,
Mon père, où vous trouver pour vous donner ce livre !

Mon père, où vous trouver, puisque la mort trancha
Dans sa noble vigueur votre paisible automne,
Et que, sans vous, ma vie — ardente ou monotone —
Suit son rythme indécis depuis trois ans déjà !

Père, n'eussiez-vous pas retrouvé dans ces pages
La figure et le geste obscurs de ces aïeux,
Dont le Mont vit s'ouvrir ou se fermer les yeux,
Et qui m'en ont légué le culte, en héritages ?

C'est à la Teste d'Or ce bon Gilles Bernier
Guettant, fieffé ligueur, au seuil de son auberge,

Le signal de saisir arquebuse et flamberge,
Pour courir, aux remparts assaillis, s'aligner ;

C'est Nicolas, son fils, qui sur ses biens prélève
Une modeste rente en livres, sols et liards,
Pour qu'on guide, en battant la cloche des brouillards,
Les pêcheurs égarés aux brumes de la grève ;

C'est encor, sous l'hermine à laquelle il a droit,
Harcelé de saluts par les gens de la ville,
Ce vétéran du Siège et de D'Estouteville
Qui fut tabellion puis avocat du Roi.

Avec, sous les rayons du soleil qui l'argente,
Notre fière Abbaye érigeant sa splendeur
Dans ce livre jailli du profond de mon cœur,
C'est l'orgueil du passé de mon pays qui chante !

Ces récits merveilleux qu'enfant vous m'aviez dits,
Je me flattais qu'ici vous les verriez revivre,
Mais, sans vous, je suis seul sous ma lampe de cuivre,
Tout seul bercé par les murmures de jadis,

Mon père, où vous trouver pour vous donner mon livre !

※
※ ※

Devant leurs saints patrons ou le Sauveur en croix,
Comme sont figurés, à genoux, en prières,
Sur les triptyques peints ou l'émail des verrières,
Vos candides profils, Donateurs d'autrefois,

Ainsi, l'instant venu de signer ce poème
Dont les vers vont sonner à la gloire du Mont,
Je veux que votre nom plein d'honneur, à mon nom,
Père trop tôt parti, se trouve uni quand même ;

Et, comme aux œuvres d'art de nos vieux imagiers,
Que tout bon pèlerin de ce livre nous voie,
Devant l'Archange aux pieds de qui l'Enfer aboie,
Dans la même attitude ensemble effigiés,

Et, les doigts joints, les yeux pleins de ferme espérance,
Avec même ferveur le priant humblement,
— Lui, Seigneur et Patron de ce pays normand,
Sergent de Dieu, Héraut du Ciel, Baron de France, —

Qu'Il nous ait en Sa garde au jour du Jugement :

Décembre 1910.

LE MONT SAINT-MICHEL

Le vieux Mont chevalier n'a point mis bas l'armure,
Ni souffert que la pioche ébréchât ses créneaux ;
Seule la vague encor ronge et mord les anneaux
Du collier de granit en lequel il s'emmure.

Et pourtant, nul danger désormais qu'il endure
Le feu de la bombarde ou des courts fauconneaux,
Puisque soudards anglais et reîtres huguenots
Aux sables de la grève ont trouvé sépulture.

Mais tous les moines saints, mais tous les guerriers forts,
Ces héros, ignorés ou fameux, qui sont morts
Donnant pour lui leur sang aux assauts de naguère,

Mais le Passé, mais la Gloire… voilà tous ceux
Sur qui veille toujours le formidable Preux,
Raidi comme autrefois dans son harnais de guerre.

I

Autour de la Fondation

LE REMPLAÇANT

Ce soir-là Sigebert, prêtre d'Asteriac[1],
Revenait de sa ronde, au trot lent de son âne,
Heureux de retrouver le seuil de sa cabane,
Et de goûter au pain qui gonflait son bissac.

Aussi riche en vertus que de mots économe,
Les pauvres gens aimaient le prêtre Sigebert,
Et c'était du surplus par ces pauvres offert
Que vivait, craignant Dieu, le vieil et très saint homme.

Le Mont-Tombe qu'Asteriac avoisinait,
Servait, en ce temps-là, d'asile à deux ermites
À qui le prêtre, en sa charité sans limites,
Réservait le meilleur du peu qu'on lui donnait.

Et, lorsque ces derniers redoutaient la famine,
En hâte ils allumaient un grand feu de sarments ;
Sigebert comprenait : « Leurs corps, pour aliments,
Comme ce feu n'ont plus que de simples racines ! »

Or, Sigebert déjà rendait grâces au ciel
Pour sa quête abondante et sa journée heureuse,
Quand il vit rougeoyer dans la nuit ténébreuse
La lointaine lueur du pitoyable appel.

Le bât fut resanglé, l'âne chargé de vivres,
Et le vieillard bénit son humble compagnon
Qui seul, en trottinant, prit le chemin du Mont
Au tintement léger de son grelot de cuivre.

❋
❋ ❋

Sigebert, quand parut l'aube du lendemain,
Fut surpris que durât le signal de la veille,
Et que de son fidèle ami la double oreille
N'apparût point encor au détour du chemin.

Il attendit… mais sa patience fut vaine !
Appela… mais sa voix n'éveilla point d'échos !
Alors, ayant jeté sa cape sur son dos,
Il partit s'appuyant à son bâton de frêne.

Longtemps il chemina. Son pauvre pied meurtri
Chancelait, et parfois tachait de sang les pierres,
Quand soudain, à ses yeux que des larmes mouillèrent
Un spectacle effrayant et douloureux s'offrit :

Son âne gisait là, sanglant, le corps inerte,
Les yeux éteints déjà par le froid de la mort.
Un loup, gloutonnement, se repaissait encor
Du sang rouge et fumant de la gorge entr'ouverte.

Sigebert sur le loup brandissait son bâton ;
Mais, au lieu de l'abattre, il avisa les vivres,
Du cou de l'âne ôta la clochette de cuivre,
Puis il dit simplement : « Monstre, obtiens ton pardon ! »

*
* *

Or le repas des deux ermites du Mont-Tombe
Ne s'était composé que de grand air et d'eau ;
Ne voyant pas venir l'âne avec son fardeau
Ils suppliaient : « Seigneur, notre force succombe ! »

L'âne ne venait pas en effet. Et pourtant
L'homme d'Asteriac avait pour habitude
D'apaiser promptement leur juste inquiétude,
Sitôt que flamboyait leur signal éclatant.

Par leurs mains, à nouveau, les flammes attisées
Jetaient l'appel navrant'au sommet du roc nu ;
Un tintement léger, bien vite reconnu,

Alors monta vers eux des ravines boisées.

Ils coururent !... Ce bruit joyeux et familier,
Dont l'âne à l'ordinaire accompagnait sa marche,
Ils l'accueillaient déjà comme on fêta dans l'arche
La colombe apportant le rameau d'olivier.

Enfin la nourriture ! Enfin la bonne manne !
Hélas ! portée au dos d'un nouveau messager !
Car, de ce jour, quand ils reçurent à manger,
Ce fut un loup qui vint à la place de l'âne !

1. ↑ Aujourd'hui *Beauvoir*, à l'extrémité de la digue du côté de la terre. — Ce récit se rapporte à une époque où la mer n'avait pas encore détaché le Mont-Tombe du continent.

LA FONDATION DU MONT SAINT-MICHEL

❊

LE CHEF DE SAINT AUBERT

16 octobre 708

Le saint évêque Aubert avait comme d'usage
Prié Dieu de bénir son nocturne repos.
Il sommeillait. La paix éclairait son visage
Et tous ses traits étaient vénérables et beaux.

Tout à coup, revêtu de sa vermeille armure
Toute baignée encor des feux du Paradis,
Aubert vit apparaître en sa cellule obscure
L'Archange saint Michel qui doucement lui dit :

— « Tu bâtiras sur le Mont-Tombe un sanctuaire.
Va, réunis des bras, des chariots, des bœufs,
Prends la pioche. Joins le travail à la prière.
Sois le digne ouvrier du temple que je veux ! »

Songe de diabolique ou céleste origine,
Ordre d'en haut, piège odieux du tentateur ?
L'évêque supplia la lumière divine
De dissiper le doute où se rongeait son cœur.

Jeûnant jusqu'à la nuit, priant jusqu'à l'aurore,
Sans que jamais pourtant vint l'indice épié :
« Accordez-moi, Seigneur, la grâce que j'implore,
Et prenez, disait-il, ma détresse en pitié ! »

Un soir que brisé par la fièvre de l'attente,
Il s'était au sommeil une heure abandonné,
Saint Michel exauçant cette âme haletante
Redescendit enfin vers son prédestiné.

Il toucha rudement le vieillard à la tempe.
D'un geste impérieux et l'accent irrité :
« Je viens chasser le doute où ton pauvre esprit rampe,
Par ce signe, connais, dit-il, ma volonté ! »

À ce choc sans douleur sous lequel il vacille,
L'évêque, anéanti, reste glacé d'effroi ;
Mais, au sommet du crâne, il porte, indélébile,

Le trou béant qu'y fit Michel avec son doigt… !

Le lendemain Aubert assembla son chapitre,
Et, racontant l'Archange apparu derechef,
Fit reconnaître à tous, en soulevant sa mitre,
Le miraculeux signe imprimé sur son chef.

❋ ❋

BAIN DE HUISNES

Saint Aubert au Mont-Tombe arrive sans tarder.
Et, quittant à l'envi les sillons qu'ils cultivent,
Pour l'Archange à servir et le temple à fonder,
Hommes, femmes, enfants, d'un même élan le suivent.

Ils accourent. Déjà sur le sol aplani
S'incurve le tracé de la future église ;
L'évêque est avec eux, qui stimule et bénit
Ces humbles artisans de la grande entreprise.

Or l'un deux tout à coup tombe à ses pieds : « Pourquoi
Ne pouvons-nous, saint homme, arracher cette roche ?
À l'essayer en vain, mes onze fils et moi,
Nous perdons notre temps et craignons ton reproche ! »

— « Et ton douzième fils, qu'en fais-tu ? » dit Aubert.
« Bain de Huisne, entends bien que la foi seule importe !
Fais venir cet enfant… ! »
                        — « Qui donc t'a découvert
Le nombre de mes fils et le nom que je porte ? »

— « Bain de Huisnes, j'attends ici ton dernier-né ! »
— « C'est un pauvre petit encore à la mamelle ! »
— « L'agneau qu'on oublia doit être ramené
Par le chien au pasteur vigilant qui l'appelle ! »

Bain s'en va donc quérir son tout petit enfant,
Il l'emporte en ses bras vigoureux, il se hâte,
Et le présente au saint qui, d'un geste fervent,
Trace un signe de croix sur sa chair délicate.

Puis Aubert à son tour prend le frêle ingénu,
L'approche du rocher, lui fait toucher la pierre ;
Au rapide contact du pied de l'enfant nu,
La roche gigantesque a tremblé tout entière.

Elle oscille, fléchit, se balance un moment,
Glisse, roule, bondit au flanc de la montagne,
— Puis, au bas de la pente, arrête brusquement
Sa course qu'un fracas de tonnerre accompagne.

Et Dieu qui fait germer le grain, mûrir l'épi,
Comme il permet au temps de moudre ses ruines,
Préserve sur le roc aux sables accroupi
L'empreinte qu'y laissa l'enfant de Bain de Huisnes.

❋ ❋ ❋

LES RELIQUES DU MONT GARGAN

15 octobre 709

> Saint Aubert, voyant que son église avançait, envoya trois de ses chanoines au mont Gargan (en Manfredonie) pour lui apporter à mettre en icelle, des reliques de saint Michel, savoir une partie du marbre sur lequel ledit archange y était apparu (l'an 390) et un morceau du manteau rouge vermeil qu'il y laissa en souvenir de son apparition.
>
> (Chroniques.)

En ce jour de liesse, hymnes, versets, antiennes,
Fleurissez-vous gaiement d'un clair *alleluia* !
Voici qu'au bout d'un an les trois clercs s'en reviennent
Qu'au sud de l'Apennin saint Aubert envoya.

Les vivats du retour les accueillent. Qu'importent
Les périls d'un chemin ingrat et fatigant !
Aubert sera joyeux : la mule qu'ils escortent
Ramène un précieux fardeau du mont Gargan.

Car, premiers desservants du culte archangélique,
Les doux religieux du roc napolitain,
Ont enrichi ces clercs de l'insigne relique
Que leur zèle pieux convoitait pour butin.

Sous leurs pas que le ciel visiblement protège,
Malades et boiteux se relèvent guéris,
Tout le peuple s'unit en foule à leur cortège,
Les fêtant du concert allègre de ses cris.

Et, parmi drapeaux, chants, vibrants appels de cloche,
Suivant la mule lente au fardeau précieux,
Ces humbles clercs, émus que leur retour soit proche,
Croient, toujours grandissant, voir s'avancer vers eux

Le Mont-Tombe où domine un nouveau sanctuaire,
Ce Mont, haut vestibule et portique du ciel,
Qui, par le nouveau nom qu'un peuple lui confère,
Va désormais appartenir à saint Michel.

LE SOUFFLET

xe siècle

L'orsqu'il eut fait glisser la clé dans la serrure
L'incrédule et hardi chanoine Coliber,
L'un des douze établis par saint Aubert[1],
Se trouva dans l'église effrayamment obscure.

Or, aux heures de nuit, afin que saint Michel,
Comme d'aucuns disaient qu'il aimait à le faire,
Pût errer librement parmi son sanctuaire,
Nul n'y pouvait entrer sans un ordre formel.
Mais Coliber, de qui la malice infernale
Aiguillonnait l'orgueil et tourmentait la foi,
Avait voulu tenter l'Archange ; et c'est pourquoi
Il allait, étouffant le bruit de sa sandale.

« Le saint, nul ne l'a vu », songeait-il. « J'attendrai
Vainement qu'il paraisse en cette solitude
Mais mon doute présent deviendra certitude
Et, dussé-je en périr, n'importe, je saurai ! »

Devant le tabernacle où veillait une lampe,
Le chanoine fléchit lestement le genou,
Puis, au dos d'un pilier, il demeura debout.
L'orage intérieur battait contre sa tempe.

Un serrement d'angoisse étreignit ses poumons,
Une subite horreur dilata ses paupières,
Car il entrevoyait aux aguets, sur les pierres,
Les mufles grimaçants d'innombrables démons.

Mais alors, il se fit une clarté soudaine
Dont le brusque reflet éclaira Coliber ;
Deux hommes s'avançaient : l'un portait le haubert,
L'autre un trousseau de clés sur sa robe de laine.

Certes, ils ne pouvaient descendre que du ciel
Car chacun de leurs pas soulevait des étoiles ;
Blanche, une femme entre eux souriait dans ses voiles,
C'était la Vierge, avec saint Pierre et saint Michel.

Auprès de Coliber, quand tous trois ils passèrent,
L'Archange s'arrêtant le fixa dans les yeux :
— « Coliber, Coliber, dit-il, malheur à ceux
Dont le cœur impur bat sous des dehors sincères ! »

Le chanoine tremblant de stupeur et d'effroi
Sentait autour de lui le vertige et le vide ;
Une horrible sueur baignait son front livide.
D'une voix halelante, il dit : « Pardonnez-moi ! »

Et comme il enfonçait son front dans ses doigts pâles,
Une mystérieuse et formidable main,
Renversant l'orgueilleux d'un soufflet surhumain,
L'allongea raide mort au granit froid des dalles.

1. ↑ Les *douze* chanoines que saint Aubert institua au Mont l'an 709, pour la garde du sanctuaire, y demeurèrent jusqu'en 966, époque à laquelle ils furent chassés par le duc Richard Ier de Normandie qui installa à leur place des religieux de l'Ordre de Saint-Benoît.

II

Au Péril de la Mer

> Toi qui commande[s] à ces flux
>   Et reflux,
> Fais qu'aucun mal ne me grève !
> Et deffend ton pèlerin
>   Au chemin,
> Quand il passera la grève !
>   (*Cantique de pèlerinage,* XVIe siècle)

À Yvonne

LA CROIX DES GRÈVES

A. D. 1011

Ces pauvres gens, pêcheurs de Vains et de Genêts,
Dès l'aube ayant vêtu leurs beaux habits de fête,
Vers le Mont, à travers les sables cheminaient.

Et, bannières au vent, des prêtres à leur tête,
En l'honneur de l'Archange ils lançaient leurs refrains,
Réclamant son secours au fort de la tempête.

Des signes de souffrance à son visage empreints,
Mais vaillante, et l'esprit hanté par sa chimère,
Une femme suivait ces humbles pèlerins.

Car, le terme approchant pour elle d'être mère,
Malgré ses flancs et ses genoux endoloris,
Elle aussi jusqu'au Mont porterait sa prière.

Mais les chants ont cessé tout à coup. De grands cris
S'élèvent. Brusquement montante, la marée
Menace de cerner les pèlerins surpris.

Et par l'immensité de la grève cendrée,
Le flot faisait ramper et cingler devant lui
Sa lanière sifflante, écumeuse, azurée.

L'un se sauve, puis l'autre, et le reste les suit.
L'épouvante a bientôt propagé la déroute ;
Vers le rivage et vers le salut tous ont fui !

La pauvre femme est seule. Elle appelle…, elle écoute…
Nulle voix ne soutient son chancelant espoir,
Et le vent de la mort la fait frissonner toute.

Anéantie, et les yeux clos pour ne plus voir,
Formidable, monter le flot qui l'environne :
« Notre-Dame, je suis, dit-elle, en ton pouvoir.

« Je ne crains pas la mort ; mais, Ô Sainte Patronne,
Pour l'amour de l'enfant que je porte en mes flancs,
Empêche que la vie encor ne m'abandonne ! »

Et trop tard s'alarmaient ses compagnons tremblants,
Quand la grève à leurs yeux se couvrit d'un nuage
Dans les brouillards duquel planaient des oiseaux blancs.

Des souffles parfumés leur venaient au visage,
Des chants d'une harmonie étrange emplissaient l'air :
Eux, pour elle, priaient en chœur sur le rivage.

Mais lorsque commença le reflux de la mer,
La femme s'avança vers leur foule attendrie :
Elle avait dans ses bras l'enfant, chair de sa chair !

« Je suis mère ! Noël ! mère et déjà guérie !
Les anges sont venus ! Noël ! Mon fils est né
sous les plis du manteau de la Vierge Marie… ! »

Avec elle chanta le peuple prosterné ;
Et pour commémorer à jamais ce prodige,
Par Hildebert, abbé du Mont, ordre est donné

Qu'une croix de granit sur la grève s'érige.

L'APPEL AU SIRE

XIIIe siècle

Les rayons du soleil montant à l'horizon
Font un ardent brasier de l'épaisseur du sable,
Et le preux Tanneguy, qu'une langueur accable,
Laisse les rênes pendre et fléchit sur l'arçon.

Sous le poids combiné de l'homme et de l'armure,
Dans l'étau du harnais garni de lourd métal,
Non moins que Tanneguy souffre son bon cheval
Qui ralentit son amble et courbe l'encolure.

Tous les deux, somnolant dans le brûlant matin,
Ils regagnaient ainsi par la grève déserte
Le Mont, dont la marée étincelante et verte
Battait déjà le socle à l'horizon lointain.

Mais, cependant, le flot régulier et tranquille
Au ras du sable plat sans obstacle glissait,
Et, poussant devant lui son écume, avançait
Silencieusement comme une nappe d'huile.

Le vol d'un goéland frôla le cavalier !
Lui, d'un brusque coup d'œil, vit sa route coupée,
Et qu'en l'affreux péril le fer de son épée
Cessait d'être à son poing l'ordinaire allié !

Fuir ? Il était trop tard ! Un autre eût fait ce rêve,
Mais ce soldat du Mont savait que nul galop
N'a su vaincre jamais la vitesse du flot,
Quand sa poussée aveugle inonde ainsi la grève.

Et Tanneguy voyait avec anxiété
Son cheval enfoncer dans une boue immonde,
Et, le sol se faisant le complice de l'onde,
Livrer à celle-ci le butin convoité.

L'animal, affolé, hennissait d'épouvante ;
Déjà le flot sournois atteignait son poitrail ;
Tanneguy, haletant, assistait au travail
De la tombe attirant sa proie encor vivante.

Alors, d'un cœur soudain redevenu viril,
Envisageant l'horreur de l'enlisement proche,
Sans même souffleter le destin d'un reproche :
— *Monseigneur saint Michel, à l'ayde !...* cria-t-il.

Puis, ayant longuement caressé de sa paume,
Pour lui donner l'adieu, son défaillant coursier,

Les yeux clos, les doigts joints sur la cotte d'acier,
Tanneguy crut partir pour l'éternel Royaume…

✽
✽   ✽

Alors il lui sembla qu'en un demi-sommeil

Un galop éperdu l'emportait dans l'espace,

Et qu'il fuyait, fuyait, ne laissant d'autre trace

Que son ombre planant sur l'océan vermeil.

Des bras mystérieux soutenaient aux aisselles

Le corps raidi du fantastique cavalier

Qui voyait devant lui des anges déployer

L'envergure flexible et blanche de leurs ailes.

Son bon cheval sous lui, de ses quatre sabots,

Silencieusement frappait l'air calme et vide,

Et, docile, suivait dans leur course rapide

Les divins messagers aux lumineux bandeaux !

Puis les regards du preux brusquement se voilèrent,

Il ne vit plus le vol des anges devant lui,

Leurs ailes, son cheval, tout sombra dans la nuit ;

Les forces, la raison soudain l'abandonnèrent.

⁂

… Lors, au flux matinal succéda le reflux.
Le soir vint, et la brise y mêla son haleine.
Des pêcheurs attardés passaient à Tombelaine,
Assurant par des chants leurs pas irrésolus.

Mais un bruit très léger, à peine perceptible,
Qui leur sembla venir de l'angle d'un rocher,
Pas à pas et tremblants les fit s'en approcher :
Tanneguy dormait là d'un sommeil impassible.

Près de son maître aussi le cheval sommeillait,
Comme lui sain et sauf et couché sur le sable :
Au cri jeté vers lui, l'Archange secourable
Avait prêté son *ayde* à son bon chevalier.

III

Au Péril de l'Anglais

XIVe ET XVe SIÈCLES

TIPHAINE RAGUENEL

À Th. Botrel.

I

Or un cruel souci tourmente Du Guesclin
Sur le point de partir pour la lointaine Espagne :
« La solitude est si douloureuse compagne
À celle qui demeure ! Et Tiphaine se plaint.

» Tiphaine ! Où l'abriter quand le pays est plein
De soudards vagabonds qui battent la campagne ? »
Mais Bertrand se souvient qu'il est une montagne
Où l'Archange guerrier ne veille pas en vain.

Car le Mont, bon guetteur de la mer et des côtes,
Peut narguer l'assaillant que ses murailles hautes
Et les sables mouvants empêchent d'approcher.

C'est pourquoi Bertrand veut, d'ici qu'il ne revienne,
Au castel qu'il a fait bâtir sur le rocher,
Confier la tristesse et l'espoir de Tiphaine !

II

Il se cramponne au flanc du Mont le frais castel,
Sous l'abri des remparts altiers du monastère,
Autour duquel, dans le lointain brumeux, la terre
Semble s'humilier comme au pied d'un autel.

Et chaque soir Tiphaine, heureuse de l'appel
Fait par les chefs vieillis qu'a ruinés la guerre,
Au trésor dont Bertrand la fit dépositaire,
Regagne sa fenêtre et contemple le ciel.

L'absence du héros la rend songeuse et triste.
Mais l'espoir est tenace, et Tiphaine résiste
À l'implacable assaut de ses obsessions ;

Car, dans la nuit où meurt le cri des sentinelles,
Elle aime interroger les constellations
Sur l'avenir d'amours qu'elle rêve éternelles !

LES
DÉFENSEURS DU MONT

1427-1434

À Eugène Langevin.

Le léopard anglais ravage le pays.
Les champs incultivés, par la ronce envahis,
Refusent de donner leurs blés au nouveau maître.
Où l'ennemi n'est plus il faut craindre le traître.
La misère est partout. Par les chemins bourbeux,
Défilent lentement de longs troupeaux de bœufs
Que d'horribles soudards pressent à coups de lance.
Parfois un loup rôdeur hurle dans le silence,
Sous la branche que charge un cadavre pendu.
La Peste, au cri de la Famine, a répondu.
Et la Guerre, de ces fléaux, devient le moindre.
Dans le ciel sans rayon nul ne voit encor poindre
Le signe où se lirait la fin du mal présent.
Le même deuil confond seigneur et paysan.
Aux yeux des jeunes gens est morte l'espérance.
Henri V a laissé Bedford régent de France.

Et dans ce lamentable et sombre désarroi,

Monarque sans couronne et sans prestige, roi
Que n'ose plus nommer ainsi le vieux royaume,
Bien plus loin que Paris, Orléans et Vendôme,
À Bourge, où le contient son vainqueur triomphant,
Le *gentil dauphin Charle* est un chétif enfant
À l'oreille de qui monte, sanglote et crie
L'appel tragique et désolé de la Patrie !

* * *

Des marches de Bretagne, alors, jusqu'à Calais,
Seul le Mont Saint-Michel échappait aux Anglais.

De Tombelaine en mer, d'Ardevon sur la rive,
Leurs garnisons, toujours prêtes à l'offensive,
Redoublent leurs efforts, essayant, mais en vain,
Du lent blocus ou du nocturne coup de main.
Car là-haut, sur le Mont, chaque trou d'échauguette
Ou fente de créneau cache un veilleur qui guette.
Mais enfin l'assaillant qui s'énerve a compris
Que le Mont Saint-Michel doit cesser, à tout prix,
D'arrêter plus longtemps l'essor de sa victoire !
Il est la clé de tout un pan de territoire,
Ce rocher dédaigneux qui supporte, aussi fier,
L'assaut, tantôt de l'homme et tantôt de la mer.
Perpétuel danger pour la paix du rivage,
Il faut qu'il cède, il faut qu'il livre le passage !

Dès lors, dans l'espérance aveugle du succès,
Un nouveau siège se prépare !...
                              Les Français
Qui défendent le Mont, un contre dix à peine,
Ont en D'Estouteville un digne capitaine.
Proscrits d'hier, vainqueurs peut-être un jour prochain,
Sont accourus cent vingt seigneurs de l'Avranchin
Dont la petite armée, à son appel, se range
Sous l'étendard toujours invaincu de l'Archange.
Et les simples bourgeois aux moines alliés,
Rivalisant avec les cent vingt chevaliers,
S'organisent pour le combat.
                              D'Estouteville
Visite sans retard l'abbaye et la ville.

Malgré que le cellier soit de vivres gorgé,
Il prévoit les rigueurs d'un siège prolongé,
Et fait sortir du Mont tous les bras invalides.
L'argent manque au trésor dont les coffres sont vides :
Les ornements sacrés, contre bel or sonnant,
Sont pris en gage à Saint-Malo, Dol ou Dinan.
Usant du droit royal qu'un édit leur octroie,
Les moines, s'il le faut, pourront battre monnoie.
Les travaux par Robert Jollivet commencés,
Sont avec fièvre, ou poursuivis, ou renforcés,
Solides parapets et massives murailles,
Demi-lunes ou bien tours géantes, qu'entaillent

Les entonnoirs plongeants de cent mâchicoulis.
Et lorsqu'enfin, après ces travaux accomplis,
Un portail neuf, muni de la herse guerrière,
A bouclé sur le Mont ce corselet de pierre,
D'Estouteville veut que — formidable sceau
De la place, narguant la bombarde et l'assaut, —
Le royal écusson, appliqué sur l'ogive,
Réponde, quand l'Anglais poussera son *Qui vive* :
— *Forteresse du roi de France !*
        Mais tandis
Que, grâce à ces efforts généreux et hardis,
Le Mont voit chaque jour augmenter sa défense,
L'Anglais, des quatre bouts de l'horizon, s'avance…

* * *

Tous ceux qui, l'arme prête, au sommet de ces tours,
Vont devoir désormais, à toute heure et toujours,
Ou refouler l'attaque, ou déjouer l'alerte,
Ou réparer, l'épée au poing, la brèche ouverte,
Tous ces vaillants, vêtus de bure ou ceints de fer,
Tous tiendront jusqu'au bout.
        Mais, un jour, quand la mer
Et les sables mouvants engloutirent l'armée,
Mise en fuite par eux et par eux décimée,
Qui les avait tenus prisonniers si longtemps,

Cet héroïque siège avait duré sept ans !

*   *
*

Or, durant ces sept ans, brusquement, l'Espérance,
Au jardin dévasté du royaume de France,
Avait mis le sourire étoilé de ses fleurs,
— Des noms avaient chanté, *Domremy, Vaucouleurs* !
Dont un souffle joyeux et parfumé d'idylle
Avait porté l'écho très doux de ville en ville,
Puis ce murmure, enflé, multiplié, grandi,
Était devenu vent d'orage, avait bondi,
Arrachant aux beffrois d'assourdissants vacarmes,
Et, par tout le pays, jetant l'appel aux armes ;
— *Orléans, Beaugency,* vos noms avaient volé !
Puis encore, un carillon clair s'était mêlé
À ces bondissements du bronze grave et rude,
Et, déroulant soudain son auguste amplitude,
Acclamant l'héritier du trône sacré roi,
Le *Te Deum*, chant de triomphe, hymne de foi,
Avait fait éclater, au chœur des cathédrales,
Un tonnerre joyeux de strophes magistrales ;
La Patrie, oubliant sa misère et son deuil,
Avait tremblé d'amour et frissonné d'orgueil ;
Et ton nom radieux, porté de lèvre en lèvre,
Par-dessus ce tumulte et toute cette fièvre,
Dans sa chaste douceur, ô *Jeanne*, avait plané !

> * *
> * *

Ô Jeanne d'Arc, par ce pays environné
D'ombre épaisse, et meurtri d'incroyables désastres,
Ta chevauchée est comme un jaillissement d'astres !
Des gerbes de clarté s'élèvent sur tes pas !
Les yeux se tournent vers toi seule ! Ils ne voient pas
Qu'en la fresque héroïque où s'affirme ta gloire,
La défense du Mont est sœur de ta victoire !

Ô Jeanne, c'est pourtant de ce noble rocher :
Que l'Archange Michel partit pour te prêcher
La nouvelle croisade, insensée et sublime,
Qui rendit le royaume à son roi légitime.
Quand toute ville ouvrait ses portes au plus fort
— Vierge ainsi que toi-même, — il résistait encor,
Il résista toujours !
     Ouvre-lui toute grande
La porte d'or, ô Jeanne d'Arc, de ta légende !
Vous avez besogné pour un commun seigneur,
Soyez donc désormais tous les deux à l'honneur,
Et qu'au vieux Mont normand une place appartienne
Parmi les compagnons de la *bonne lorraine !*

  Avril 1900.

DE SABLE...
AU CHEF D'AZUR

1462

Celui qui, descendant de la céleste arène,
Prit ce rocher pour sanctuaire et pour pavois,
Y veille en bon soldat du royaume, et sa voix
Suscita la Pucelle aux marches de Lorraine.

Aussi, comme un petit hobereau de Touraine,
La coquille au pourpoint et le missel aux doigts,
Le roi Louis vint-il au Mont, et par trois fois,
Courber devant le Saint sa tête souveraine.

Mais là, le bon plaisir du monarque fut tel,
Que, pour commémorer l'appui surnaturel
Obtenu par Michel au pays en souffrance,

Le Mont peut, désormais, au chef de son écu,

En souvenir de Jeanne et de l'Anglais vaincu,
Coudre le champ d'azur fleurdelysé de France.

LES DOGUES

> Le 28 janvier 1475, Louis XI ordonne de prélever annuellement sur les revenus de la vicomté d'Avranches, une somme de 24 livres tournois pour les frais d'entretien d'un certain nombre de grands chiens employés de nuit à la défense du mont.
>
> Siméon Luce

L'insidieux réseau de la brume renforce
L'obscurité, propice aux pièges, de la nuit,
Et l'Anglais croit pouvoir, par surprise et sans bruit,
Réduire ce rocher rebelle aux coups de force.

Il sait le point des murs où le grappin s'amorce,
Quel chemin pratiqué dans le roc y conduit
Et qu'en ce même endroit du parapet détruit,
La brèche peut suffire au rampement d'un torse.

Les trompettes sont là qui donneront l'assaut !…
« La garnison, soudain réveillée en sursaut,
Rendra la forteresse !… » ont dit les astrologues.

Mais sur le sable en vain meurt le rythme des pas,
Car aux créneaux du Mont s'inquiète, là-bas,
Le guetteur attentif au grognement des dogues !

IV

Au péril de l'Hérésie

XVIe siècle

> ... D'un grand discord une grande concorde.
> (Ancienne Ballade normande.)

MONTGOMMERY

Depuis qu'un sort fatal l'a rendu régicide
Et qu'Henry Deux tomba sous son fer discourtois,
Ayant quitté la cour en deuil et les tournois,
En ses châteaux normands Montgommery réside.

Le dur exil a fait un huguenot perfide
Du féal chevalier qu'il était autrefois,
Et la tache de sang qui persiste à ses doigts
Irrite la folie haineuse qui le guide.

Tour à tour usant de la force ou de la ruse,
En vain il a bravé la dague et l'arquebuse,
Pour établir au Mont son blason abhorré.

Mais, fidèle à l'Archange et perdu dans son rêve,
Le Mont, sans peur, entend retentir sur la grève
Le rauque aboi de son galop exaspéré.

LA « PRISE »
DU MONT SAINT-MICHEL

22 juillet 1577

À M. Henri de Régnier.
Ce fut un coup de la bonté de Dieu…
Dom Th. Leroy.

Aux pentes d'un coteau le bois qui s'accrochait
Offrant un favorable asile, Du Touchet
Arrêta sa monture et, tourné vers la croupe,
Fit signe aux cavaliers de sa petite troupe.
Tous les bras aussitôt pesèrent sur les mors
Et les chevaux fumants s'arrêtèrent. Alors,
D'un geste où se mêlaient l'orgueil et la menace,
Le poing de Du Touchet s'agita dans l'espace.

Parmi les frais brouillards du matin souriait
Sur la grève infinie un soleil de juillet,
Et là-bas, dominant le flot frangé d'écume,
Le triangle du Mont s'élevait dans la brume.

« Voilà donc, cria-t-il, le malaisé perchoir

Qu'il vous faut, compagnons, atteindre avant ce soir.
Que selon votre choix le diable ou Dieu vous garde !
À vous de besogner, Messieurs de l'avant-garde ! »

En pieux pèlerins promptement harnachés,
Vingt hommes qui s'étaient des autres détachés
S'avancèrent. Le chef en passa la revue.
— « Et si la ruse échoue ?
                         — « Hypothèse prévue ! »
(Et les doigts tapotaient les bosses des manteaux)
« Nous avons nos *bidets*[1], messire, et nos couteaux !
— Donc en route ! »
               Et bientôt sur le sable tranquille
Les vingt hardis routiers cheminèrent en file.

❋
❋   ❋

Sous le porche du Mont, son arquebuse au poing,
Un bourgeois affairé qui les a vus de loin
Arrête d'un prudent qui-vive ces vingt hommes :
— « Amis ! » répondent-ils effrontément. « Nous sommes
D'honnêtes et pieux pèlerins qui pensons
Acquitter à l'Archange un tribut d'oraisons. »
L'homme qui les entend a, sans flairer la ruse,
Aussitôt déposé sa massive arquebuse.

La consigne pourtant est rigoureuse et veut
Qu'en règle soient fouillés nobles ou gens de peu
Prétendant à franchir le seuil de l'abbaye.
Mais, leur maintien dévot et leur mine ébahie
Écartant de ceux-ci tout indigne soupçon,
On les laisse passer la triple porte. Ils sont
Passés. Ils grimpent la ruelle solitaire,
Ils lèvent le pesant heurtoir du monastère.

Un guichet s'ouvre. Un moine aux bons yeux indulgents
Examine ce groupe, un peu nombreux, de gens :
Nouveau qui-vive ! — « Amis ! » répondent-ils encore
Et voici que déjà, sur le parvis sonore
Où le moine a laissé se reformer leurs rangs,
Frémit l'écho que font tinter leurs pas errants.

En haut de l'escalier s'ouvre la basilique.
Ils ont feint d'honorer l'Archange et sa relique ;
Puis d'entendre la messe, et, du moine ingénu
Qui les guide en silence, ils ont même obtenu
La faveur d'aller en sa crypte légendaire
Mettre un cierge devant Notre-Dame-Sous-Terre.

Mais tout à coup l'un d'eux a donné le signal.
Le moine, renversé par un coup déloyal,
Sous liens et bâillon vainement s'évertue…
Les poignards sont brandis. Un cri s'élève : « Tue !
Tue ! » auquel fait écho celui de « Trahison ! »

⁂

Mais ces cris ont à peine atteint la garnison.

La garnison ! Le mot est plus grand que la chose !
Un quarteron d'archers indolents la compose,
Hors quelques chevaliers, chenus mais encor fiers,
Tout le reste n'est rien qu'humbles moines et clercs.
Nargue à la garnison ! L'heure fut bien choisie
Pour établir au Mont la rampante hérésie,
Et le soleil bientôt déclinant dans l'azur
Aura vu son triomphe inévitable et sûr.

Un homme accourt, et puis un autre. On les désarme.
Un sergent trop zélé qui veut donner l'alarme
Est bientôt abattu d'un coup de pistolet.
Les archers confiants restés au châtelet
Voyant soudainement cerné leur corps de garde
Ont empoigné l'épée ou pris la hallebarde
Et cru de ces intrus faire autant de captifs.
Mais un verrou tiré les rend inoffensifs

Et la salle où leur cri de guerre se propage
Devient le gite obscur d'animaux pris en cage.
Messire saint Michel paiera pour eux rançon,
Nargue à lui ! Nargue au roi ! Nargue à la garnison !

Puis entonnant alors un chant blasphématoire
Les forcenés en chœur proclament leur victoire.

※
※   ※

— « Holà ! digne frocard ! »
                          — Un vieux moine en effet
Qui fuit épouvanté de ce qu'il voit, a fait
Au milieu de son chant s'interrompre la troupe :
— « Qu'on lui brise les os ! » rugit l'un. « Qu'on lui coupe
Les oreilles ! » réclame un autre. Et tous : « Sus ! Sus !
Le bâillon et le fouet pour ces moines pansus ! »
Et voilà qu'une chasse odieuse commence :

Par les nombreux détours de l'abbaye immense
À travers escaliers tournants et corridors,
Dans l'église, autour des piliers, des contreforts,
Des colonnes du chœur, le long des galeries
Du vieux cloître gothique aux sculptures fleuries
Et de la claire abside au ténébreux charnier,
Estimant que pour eux sonne l'instant dernier
À sentir sur leurs pas la meute de ces fauves,
Les moines à l'envi se cachent et se sauvent.
Aux plus prompts les cachots offrent de sûrs abris.
Les autres sont rejoints, offensés ou meurtris.
Leur sang coule en filets de pourpre sur les dalles.

Tel se voit flagellé du plat de ses sandales,
Tel a le col fendu d'un coup de coutelas !

* * *

Mais bientôt, nos héros commencent d'être las !

Le temps est précieux que leur vain jeu gaspille.
Ils tiennent l'abbaye, il leur manque la ville ;
S'ils veulent éviter eux-mêmes de périr,
C'est elle qu'il leur faut à présent conquérir.
Deux d'entre eux aux remparts de Sault-Gautier se penchent,
Agitant longuement leurs deux écharpes blanches.
Et bientôt, sur la grève en bordure du flot
Grandit le point mouvant d'une troupe au galop.
Or c'est avec ses gens qu'un commun élan pousse
Messire Du Touchet venant à la rescousse.

Cependant la terreur s'empare des Montois
Qui, juchés sur leurs murs, leurs remparts et leurs toits,
Regardent s'avancer ce nouvel adversaire...
Comment rompre le nœud dont l'ennemi les serre ?
Et comment résister aux furieux efforts
Que vont ceux du dedans joindre à ceux du dehors ?
Si l'Archange a laissé prendre son sanctuaire

C'est que l'Archange les abandonne !... Que faire ?
Mourir, hélas, mourir ! Mais du moins en versant
Quelque sang hérétique avec leur propre sang !
Et sur les cavaliers déjà prêts pour l'attaque,
Le rempart se garnit d'arquebuses qu'on braque.

*
* *

Votre geste est vraiment le seul digne, Montois,
Des fils de ceux qui résistèrent autrefois
Aux assauts répétés des légions anglaises.
Votre geste, domptant la peur aux vils malaises,
Est le seul digne aussi du glorieux patron
Qu'il faut prier épée au poing et casque au front,
Puisque, insigne gardien de l'Alme Citadelle,
Son glaive en a chassé la cohorte infidèle.
Montois, Montois, tenez fermement sur vos tours !
L'Archange vous protège, et voici son secours :

Du rivage, et dans un tourbillon de poussière,
Avec son escadron, surgit La Moricière,
Sauve qui peut ! Montois attentifs aux créneaux,
Voyez, poussant ce cri s'enfuir les huguenots.
Du Touchet, un juron de rage au coin des lèvres
Mène, rênes au vent, la course de ces lièvres !

Et là-haut, les pseudo-pèlerins, voyez-les,
Éperdus, jeter bas dagues et pistolets !
Sauve qui peut ! Ce même cri qui les rallie
N'éveille qu'un écho narquois dans l'abbaye,
Elle était leur conquête et devient leur prison :
Messire Du Touchet paiera pour eux rançon !

Et le porche du Mont s'ouvre à La Moricière !

Mais si le huguenot, comme l'Anglais naguère,
Dut, perdant la partie, abandonner l'enjeu,
Ce hasard fut un coup de la bonté de Dieu !

    1. ↑ Bidets : petits pistolets faciles à dissimuler fort en usage à cette époque.

LE BAPTÊME
DES MONTGOMMERIES

29 septembre 1591

> « La crypte connue sous le nom de Montgommeries comprend le *Cellier* et la *Salle d'Aumônes* (ou aumônerie) et forme le premier étage de la *Merveille*. Elle tire son nom de la tentative essayée par Gabriel de Montgommery en la nuit du 29 septembre 1591. »
>
> (*Les Guides.*)

I

— « Place ! Je veux parler au sire gouverneur
— Il ne t'a point mandé…
— Tant pis ! mais, sur l'honneur, Camarades, je porte un très urgent message.
— Arrière !
— Je vous dis qu'il me faut le passage. Hâte-toi de t'enfuir ou nous t'étriperons !
— Je passerai pourtant !… »

                        Corps à corps et jurons
Dont l'écho fait gronder sous la tapisserie,
Le svelte lévrier cher à Sa Seigneurie ;
Et devant le fauteuil de chêne où reposait,
Son bilboquet en main, Monsieur de Boissuzé,
Un homme tout à coup vient s'abattre. Il chancelle.
Son pourpoint est fendu de la hanche à l'aisselle.
Il a des yeux hagards. Le sang coule à son front,
Le casque manque au chef, l'épée au ceinturon ;
Lui qui voulait parler ne trouve rien à dire
Il ne sait qu'implorer : « Grâce ! Grâce, Messire ! »
Posant son bilboquet d'ivoire, Boissuzé,
La main au pommeau de sa dague, s'est dressé :
— « Mettre mes gens à mal, et forcer la consigne,
Maraud, qui que tu sois, ton audace est insigne !
Ton nom ?
            — Jean Godebert.
                                — Et ton métier ?
                                                    — Archer
De l'abbaye assise au pic de ce rocher,
Soldat jadis vaillant de cette citadelle,
Mais qui, nouveau Judas, cessant d'être fidèle,
Promit au huguenot jusqu'à ce jour haï
De lui livrer ce soir la place… J'ai trahi
Messire… »
            Poings levés sur la tête de l'homme,
Boissuzé s'élança ; « Monstre, que je t'assomme !
— Je ne parlerai plus, Votre Grâce, étant mort,
Et vous prie humblement de m'écouter encor. »

Boissuzé reprit place en son fauteuil de chêne,
Et Godebert continua :
     « La nuit prochaine,
Avec cent hommes prêts à tout, Montgommery
Traversera la grève et, caché sous l'abri
Du haut rocher où saint Aubert a sa chapelle,
Attendra mon signal. Les cordes d'une échelle
Se déroulant soudain sur la pente du mur
Ouvrent aux conjurés l'unique chemin sûr.
Ils atteignent ainsi dans la nuit qui les couvre,
La porte du *Cellier* ; un homme est là qui l'ouvre,
Et cet homme c'est moi… ! »
     Tout gonflé de courroux,
Le gouverneur bondit sur le traître à genoux.
Celui-ci, tête basse, attendait la sentence :
— « Misérable, ton corps au bout de la potence
Ira bientôt danser une gigue à l'endroit
Par où l'on prétend nous surprendre…, Mais, dis-moi,
Après t'être vendu pourquoi parler encore…
Et sur un crime abject qui, tous, nous déshonore,
Greffer par ton aveu cette autre trahison ?
— Ah ! l'ivresse, Messire, obscurcit ma raison !.
Mais aujourd'hui je puis me ressaisir. La vieille
Loyauté dans le fond de mon cœur se réveille.
Saint Michel est un chef qu'on ne vend pas ainsi ! »
Le gouverneur resta pensif, puis dit : « Voici :
Ce soir, sitôt instruit que l'ennemi nous cerne,
Tu vas lancer l'échelle et livrer la poterne !…
Après tout, ajouta souriant Boissuzé,

Tu me plais, mon ami, de t'être ravisé ! »

II

Un léger glissement de cordes qu'on dévide,
Et qui contre le mur clapotent. Dans le vide
Une échelle, que le vent de mer fait ployer,
Balance mollement son flexible escalier.
Au travers des rochers dont les sables s'encombrent,
Une ondulation silencieuse d'ombres !
On dirait des démons de quelque antre émergeant.
La lune qui sur eux pique un rayon d'argent
Parmi ce rampement confus soudain démasque
La lame d'une épée ou le cimier d'un casque.
Un sifflement aigu dans l'air calme a vibré,
Pareil à quelque cri de nocturne effaré
Qui de son arbre creux s'envole à tire d'aile.
Puis un bras s'est tendu qui s'ajuste à l'échelle.
Des mots sont à voix-basse et rapide échangés,
On entend : « Frappez dur ! Nul quartier ! Égorgez ! »
Puis le bras allongé remue. Un homme monte,
Bientôt suivi d'un autre et d'un autre : On les compte,
Tels les grains animés d'un chapelet humain,
Suspendus aux barreaux du périlleux chemin…

— « Moines sur qui bientôt va se crisper ma serre,
Rien pour vous étrangler ne vaut un tel rosaire ! »
Voulant encourager ses gens, Montgommery
À mi-voix a lancé cette apostrophe. Il rit

D'un rire étrangement féroce, car il pense
De ses récents combats tenir la récompense.
Passé le seul rempart qu'il s'agit d'enjamber,
Le vieux Mont catholique en ses mains va tomber,
Et dans quelques instants les besogneuses dagues
Auront rougi la crête écumeuse des vagues...
— « Saint Michel trop longtemps défia son rival
Et mon tour est venu ! » dit-il à Sourdeval.
Sourdeval, ami cher, mais partisan farouche,
Sans répondre autrement pose un doigt sur sa bouche ;
Et les yeux exercés des deux hommes songeurs
Suivent l'ascension de leurs bons fourrageurs.

III

Sur le flanc rebondi d'une obèse futaille
Un homme est là, tout seul, dressant sa haute taille,
Une poterne bâille, ouverte devant lui.
Il s'avance parfois, guettant si dans la nuit
Quelque murmure flotte ou si quelque ombre danse ;
Seule la mer au loin répète sa cadence.
Or cet homme qui fouille avec anxiété
Le mystère du vide et de l'obscurité,
Ou qui sur la futaille énorme se rejette
Pour reprendre en songeant sa faction muette,
Cet homme est Godebert veillant dans le cellier.

Un invisible poids fait tout à coup crier
Au linteau de granit le grappin qui s'incruste.

L'échelle qu'il supporte a gémi. Puis le buste
D'un soldat par la baie ouverte s'est dressé.
Godebert au qui-vive impérieux lancé,
Entend distinctement, retenant son haleine,
Les lèvres du soldat répondre : « *Tombelaine.* »
(Tel est le mot de passe.) Il s'avance, il étend
L'appui de ses deux bras vers l'homme haletant
Qui d'un suprême bond vient tomber sur la dalle :

— « Ami, sois bienvenu, lui dit-il. Dans la *Salle
D'Aumônes* qui fait suite au cellier que voici
La porte que tu vois te conduira. Vas-y !
Là tu peux t'attabler sans redouter d'embûches.
Le vin que je tirai mousse encore dans les cruches ;
Tes compagnons et toi traitez-vous largement,
Car, en ce lieu marqué pour le rassemblement,
Je dois les envoyer tour à tour te rejoindre…
Un coup de vin avant l'assaut ! c'est bien le moindre ! »

Vers le coin sombre où fume un chanvre résineux
Le huguenot s'éloigne à pas silencieux,
Confiant, sans savoir que derrière la porte
Avec d'autres, s'il faut, qui prêteront main forte,
Deux vigoureux archers qu'apposta Boissuzé
Sont embusqués, chacun dans un angle opposé,
Et tiennent, gais chasseurs escomptant la battue,
L'écharpe qui bâillonne et le poignard qui tue.

— « Qui vive ? — Tombelaine ! »

                              Un second compagnon
Au linteau de granit montre son morion.
— « Va donc oindre de vin ta face de béjaune !
— Bien volontiers, l'ami !
                         — Dans la salle d'Aumône ! »

Le morne défilé de ces infortunés,
Au même égorgement lugubre condamnés,
Se poursuit entre les deux lignes de futailles,
Sous la voûte élancée allongeant leurs murailles.
Le chanvre résineux dont la flamme se tord,
Une dernière fois sur le seuil de leur mort
De ses changeants reflets empourpre le visage
De chacun des soldats marchant à l'abatage.
Pas un n'a soupçonné que cet obscur flambeau
Perversement l'attire au trou noir du tombeau.
L'orgue du vent grondant plus fort dans les ténèbres
Dédie à ces mourants des grondements funèbres.
Sombres heures ! Combien sont-ils ainsi venus ?
Godebert les accueille et ne les compte plus,
Peut-être plus de vingt, de trente, de cinquante !…

IV

Pendant ce temps Montgommery s'impatiente
Et frappe du talon le rocher. La plupart
De ses gens à présent ont franchi le rempart.
Ils doivent besogner au cœur du monastère !
Comment n'entend-on rien encore ? Quel mystère

Retarde le succès du projet qu'il ourdit ?
Ses hommes sont vaillants. Godebert se vendit…
Donc les moines devraient crier, que l'on égorge…
Donc le Mont tout entier devrait comme une forge,
S'emplir de bruits de fer et de rougeurs de feu !…
Aurait-il vainement hasardé son enjeu !

Baigné d'ombre là-haut, le bloc de la Merveille
Semble un sphinx monstrueux, qui, paisible, sommeille ;
Mais quel est son secret ? N'opposera-t-il pas
Résistance enragée aux efforts des soldats ?
Ou bien subira-t-il la blessure fatale
Sans un rugissement de fureur, sans un râle
D'agonie ?   — « Oh ! dis-moi, Sourdeval, que j'ai tort
De douter des destins quand nous touchons au port ! »
Et Sourdeval levant alors sa tête altière,
Répondit seulement : « Appelle Rablottière ! »

Un homme aux mouvements ondoyants et félins
S'est approché des chefs. Ses yeux brillent, tout pleins
D'énergie, au-dessus de moustaches féroces.
D'une main amoureuse il caresse les crosses
Des pistolets passés au cuir du baudrier.
Brave, bon fantassin et meilleur cavalier,
Fameux briseur d'autels et détrousseur de bourses,
Cet homme est un pendard très fertile en ressources.

— « Malgré tous mes renards lâchés pour la fouiller,

L'abbaye, ainsi qu'un nocturne poulailler,
Est muette. Il s'agit maintenant, Rablottière,
D'y déchaîner le bruit, d'y brandir la lumière !
Donc, vieux brave, voici la consigne : tu vas
Monter, tu vas bouter là-haut le branle-bas,
Et tes joujoux au poing, d'une brusque décharge
Rassemblant tous mes gens, les mener à la charge ! »
Montgommery se tait, puis reprend : « Mais d'abord
Je verrais avec joie, à mes pieds et bien mort,
L'un des moines que mes soldats durent occire ! »

Rablottière salue et dit : « C'est bien, messire ! »
Puis empoignant l'échelle, il s'élance aussitôt.

V

— « Écoute, Sourdeval, j'entends comme un écho
Gronder confusément sur nos têtes !…
                                            — Folie !
Je te dis que j'entends du bruit dans l'abbaye !
Écoute !… »
              Au poignet de son routier favori,
Crispant fébrilement ses doigts, Montgommery
Trés anxieusement tend l'oreille :
                                            — « Serait-ce
Un hallali qui sonne ? Oh ! l'angoisse m'oppresse !
Savoir ! Savoir pour qui sonne cet hallali !
Bon Sourdeval, je sens que mon espoir faiblit.
Et toi que penses-tu ? Qu'entends-tu ?

— Rien, j'écoute !
Mais n'entends que le vent cornant sous quelque voûte ! »

Pourtant, ce sont des cris, d'abord sourds et lointains,
Bientôt plus rapprochés, plus pressés, plus distincts »
Les fauves hurlements d'hommes qui se combattent,
Et voici que, lancés par la poterne, éclatent,
Dans la ténèbre immense, à plein gosier criés,
Ces mots, tout un tocsin : *C'est trahison ! « Fuyez ! »*

Puis deux rugissements d'indicible épouvante,
Puis l'angoissant répit d'une muette attente,
Puis le trébuchement dans l'abîme béant
D'une masse sans nom, corps inerte ou vivant,
Qui, de la hauteur sombre où trépignait la lutte,
S'en vient soudainement s'écraser dans sa chute
Sur le rocher où sont les deux chefs huguenots.

Des torches cependant s'allument aux créneaux.
En silence, le front incliné, les deux hommes
Laissent errer leurs mains sur le sol : « Nous sommes
Joués ! » grommelle entre ses dents Montgommery.
Pourtant dans le secret de son cœur, il nourrit
Encore une très vague et flottante espérance :
Ce corps de moine qu'il a prié qu'on lui lance
S'il allait devant lui le trouver étendu,
Il se pourrait que rien encor ne fût perdu !…
… Il s'arrête. Une larme a tremblé sur sa joue !
Car devant lui, tachés de sang, souillés de boue,

Deux corps affreux sont là, confondus en un seul,
Et le flux approchant leur prépare un linceul.

Car poursuivi, traqué, blessé d'une estocade
Par les archers dont il éventait l'embuscade,
Rablottière, aux échos du chemin déjà pris,
A puissamment jeté l'alarme de ses cris,
Puis, voyant que la mort de tous côtés le cerne,
À saisi le félon qui veille la poterne :
— « Ah ! traître ! tu paieras pour tous mes frères morts ! »
La lutte n'a duré qu'un instant. Et leurs corps
Étroitement noués ont sombré dans le vide !

— « Fuyons ! Fuyons ! » gémit Montgommery livide !

✻
✻ ✻

Celui qui n'a jamais craint l'assaut du Démon
Vient encor de sauver l'intégrité du Mont !
Voici l'aube ! Chantez, ô cloches, sa victoire !
Les fantômes tantôt surgis dans la nuit noire
Aux premiers feux du jour se sont évanouis !
Ceux qui restent debout, avec leur chef enfuis,
Ont déjà disparu de l'horizon des grèves.
Les autres — presque cent[1] — sous la pointe des glaives
Tombés tragiquement et sans pousser un cri,
Tous ceux que vers la mort, tantôt Montgommery

Lança pour le succès de ses projets infâmes,
La tombe aura leurs corps, la paix soit à leurs âmes !

Cloches du Mont ! Sonnez toutes pour saint Michel !
Dispersez aux échos de la terre et du ciel
L'alleluia joyeux, le triomphal cantique
Que réclame aujourd'hui l'échec de l'hérétique !
Et qu'Il porte, Celui dont l'épée est de feu,
Votre clair *Te Deum*, ô cloches jusqu'à Dieu !

1. ↑ Les chroniques citent le chiffre de *quatre-vingt-dix-buit*.

TRIPTYQUE ROYAL

> Michel au roi
> Porte la foi…
> (Vieille complainte normande.)

I

Par ces champs dévastés où le pas des chevaux
Fait au creux des sillons avorter la semence,
La misère grandit, s'étend, devient immense
Qu'y fait régner le choc des deux partis rivaux.

Ce splendide pays, ligueurs et huguenots,
Semblent, à le piller, exalter leur démence,
Et le mal qu'il souffrit sous l'Anglais, recommence
Et les bras, dans les champs, désertent les travaux.

Mais quel fracas soudain retentit et l'éveille ?
La Normandie entière est là, dressant l'oreille.
Pour tous ceux qui pleuraient, c'est un espoir qui luit !

Car, des marches d'un trône en deuil de ses monarques,
Elle entend, au lointain, le formidable bruit
Des fougueux escadrons se heurtant devant Arques.

II

Mais lui, le Béarnais, infatigable et prompt,
Tandis qu'exténué, Mayenne est en déroute,
Veut qu'un nouveau fleuron, l'un des plus beaux, s'ajoute
À la couronne d'or destinée à son front.

Ô chevauchée épique alors ! Son canon rompt
Le corset des cités qui commandent sa route,
Alençon, Lisieux, Falaise ! *Goutte à goutte*
S'emplit aussi la cuve, ô royal vigneron !

On le voit, on l'acclame, on l'aime, on lui pardonne
D'être hérétique… Et le peuple conquis s'étonne
Du regard de bonté qu'il a dès qu'il sourit…

Sous l'armure du chef c'est un roi qui se cache !…
Et les grands gars normands de suivre ce panache
Que la Gloire, complice, emporte aux champs d'Ivry !

III

La foudre a mis le Mont en flammes. L'incendie
Par le grand vent de grève âprement flagellé,
N'a rien laissé qu'un pan de muraille écroulé
En place de la flèche élégante et hardie.

Et les gens des hameaux voisins de Normandie.

Ne voyant plus l'archange d'or étinceler,
Naïvement disaient : « Le saint dut s'envoler
Vers le roi huguenot que Paris répudie. »

Or, tandis qu'ils parlaient, n'espérant pas encor
Voir la guerre finie et les partis d'accord
De leurs complots mesquins abandonner la trame,

Henri Quatre, pour qui se déclarait Paris,
Se laissait, au milieu des Espagnols surpris
Par le peuple, en riant, conduire à Notre-Dame.

V

La Prière des Tours

À M. Maurice Barrès.

LA PRIÈRE DES TOURS

Elles sont là, dix vieilles tours !

Lorsqu'au vent la grève frissonne
Et que le Mont s'encapuchonue
D'une brume aux fréquents retours,

Un murmure parfois s'élève.
Le vent au désert de la grève
En disperse les échos sourds.

Et ce murmure est la prière
Que, de leurs dix bouches de pierre
Implorant l'Éternel Secours,

Récilent les dix vieilles Tours :

Jadis, au temps joyeux de nos jeunes années,
Quand des moines veillaient à l'abri de nos murs,
Nous nous sommes parfois en silence inclinées
Vers l'œuvre que traçaient ces artistes obscurs,

Soit que sur le vélin souple où les plumes grincent
S'inscrivît la chronique ou la sainte oraison,
Soit que les filets d'or glissant des pinceaux vinssent
Aux marges des missels grouper leur floraison.

Nous connûmes ainsi les douces Paraboles,
Les préceptes divins, nous les avons reçus ;

Mais le sort nous émut surtout des Vierges Folles
Qui ne font point escorte à Monseigneur Jésus !

Nous, Monsieur saint Michel nous trouva toujours prêtes,
Quand son cri, tant de fois, daigna nous rallier
À ces ardents combats, à ces sanglantes fêtes,
Où l'honneur nous échut d'être son bouclier.

Ô vous, notre gentil Suzerain, notre Sire,
Lorsque viendra le temps des siècles révolus,
Jetez les yeux sur nous, daignez nous introduire
En la Cité resplendissante des Élus !

Grâce aux moines dont l'art délicat nous l'a peinte,
Nous en imaginons les radieux contours :
Ses clochers et ses toits sont d'argent, son enceinte
À des remparts vermeils armés de blanches tours…

Nous, les fermes soutiens de l'imprenable tente
Que vous avez voulu vous dresser ici-bas,
Nous que bat de ses vains béliers la mer montante,
Nous vos porte-bannière et vos humbles soldats,

Messire, — vous savez quels ont été nos gestes,
Tous les assauts subis, tous les affronts soufferts !
Jusqu'au faîte ébloui des collines célestes,
Vous nous élèverez un jour parmi les airs !

Vers nous s'inclinera le vol de vos Phalanges,

Et les harpes vibrant et sonnant les clairons,
Dans l'azur calme ému du noble essor des anges,
Sur leurs ailes, nous monterons, nous monterons !

Vous ornerez nos fronts de gemmes éternelles,
Vous vêtirez nos flancs d'une gloire sans fin,
Et, là-haut comme ici féales sentinelles,
Nous garderons l'abord du Royaume divin.

VI

La Digue

(CONTE LÉGENDAIRE)

> « Elle t'écrasera la tête et tu tâcheras de la mordre au talon... »
> *(Genèse)*

À M. André Hallays.

CONCORDANCES

1790. — À la suite des lois des 18-19-20 février supprimant les vœux et les ordres monastiques, les Bénédictins montois abandonnent l'Abbaye.

1703. — Internement dans le monastère, transformé en prison, de 300 prêtres réfractaires appartenant aux diocèses circonvoisins.

1811 (6 juin). — Institution de la maison centrale du Mont-Saint-Michel.

1863 (20 octobre). — Suppression de ladite maison centrale.

1867. — L'Abbaye est confiée à une colonie de Pères de Saint-Edme-de-Pontigny.

1877 (3 juillet). — Couronnement par Mgr Germain, évêque de Coutances et Avranches, de la statue de saint Michel.

1879-1880. — Construction et inauguration de la digue actuelle.

LA DIGUE

Saint Michel et Satan sont deux vieux ennemis.

Satan, prince de l'Ombre et roi des Insoumis,
Sentit son cœur rongé d'orageuse colère,
En voyant, nous rapporte un conte populaire,
Sur le Mont-Tombe où son rival vint s'établir,
Des prodiges de siècle en siècle s'accomplir :
Au sommet qu'empourpra le couteau des druides
L'Abbaye a tendu ses arceaux intrépides
Timbrant, tel un écu de baron féodal,
Le rocher que l'Archange a pris pour piédestal.
Elle a des chevaliers loyaux pour sa défense,
Des moines pour l'étude et la sainte observance ;
Le flot roule à ses pieds, sa flèche touche au ciel…
Et Satan dit : « Je veux en chasser saint Michel. »

Au rauque sifflement de ses lèvres mauvaises
Il eut vite assemblé les légions anglaises,
Et le Mont qu'affaiblit leur assaut meurtrier
Voyait ses défenseurs les plus braves plier,
Lorsque Dieu suscita l'élan vainqueur de Celle
Qui devait s'appeler Jehanne la Pucelle.

Plus tard et poursuivant ses desseins infernaux
Satan fit cette fois appel aux huguenots.

Et vinrent tour à tour chercher dans la nuit grise
Quelque brèche oubliée où ramper par surprise,
Chasseguey, Sourdeval, Touchet, Montgommery,
Mais parut le panache blanc du roi Henry !

Satan regagna donc sa bauge souterraine
Et longtemps s'y rongea dans une attente vaine.
Mais, formidable, un jour, le tonnerre gronda
Dans l'espace. Et Satan anxieux regarda…
Il vit un échafaud, des foules en démence,
La hache du bourreau sur l'écusson de France
Précipitant ses coups aveugles et mortels,
Les lys tombant du trône et les croix des autels…
Satan s'imagina que l'heure était venue
De se venger enfin de sa déconvenue.

— « Vieux Mont que je n'ai pu jusqu'ici conquérir,
Cria-t-il, voici l'heure au moins de te flétrir,
Et de t'éclabousser enfin de tant de fange
Que ton indignité répugne à ton Archange ! »
Et Satan se remet à l'œuvre sans surseoir :
Sur une tour du Mont tombée en son pouvoir
Voici flotter au vent, sanglant haillon qui bouge,
Au sommet de la pique infâme, un bonnet rouge.
Ceux qui priaient au cloître emplissent les prisons.

Le monastère entend d'odieuses chansons.
La vengeance commande et le blasphème vibre.
Et le Mont-Saint-Michel est devenu *Mont libre !*

La pique s'abattit, le bonnet phrygien
Disparut et le Mont reprit son nom ancien...
Satan ne fit qu'en rire et murmura : Qu'importe !
Il arrivait, s'étant ménagé pour escorte
Un hideux ramassis de hurlants prisonniers :
— « Prends, beau saint, disait-il, ce grain pour tes greniers ! »
Saint Michel oublié ! Le Mont maison de force... !
Satan, heureux déjà de leur prochain divorce,
S'exalte à la rumeur montant des ateliers,
Et les ombres des morts, moines et chevaliers,
Sur les dalles à leur errance habituées,
Rencontrent des forçats et des prostituées !

— « De notre duel fameux à la porte du ciel
Tu te souviens, railla Satan, beau saint Michel !
Tu l'emportas, mais c'est vers moi qu'à présent penche
La fortune, et voici l'heure de la revanche !
Tes dévots depuis lors ont toujours insulté
Le monstre qu'à tes pieds ils ont représenté
Foulé par ton talon, percé par ton épée...
Ce monstre, c'était moi ! Cette bête frappée
Qui siffle un cri de rage et hurle de douleur,
C'était moi, moi Satan ! Mais à présent, malheur !
La bête se relève implacable et tenace,

Et son rampement sombre, Archange, te menace !
La prière est éteinte, et l'hommage est tombé.
Plus de cierges, d'encens, de moines, ni d'abbé,
Ton culte est disparu, ta clientèle est morte,
Et ton Mont n'est plus tien que par le nom qu'il porte !
Le sol que je minai se dérobe sous toi.
Ton rocher est l'égout immonde de la Loi.
Et la vague de haine, Archange, approche et monte
Qui va te submerger sous son noir flot de honte. »

Michel se contenta de commander : « Va-t'en ! »
Et le tumultueux cortège de Satan
S'enfuyant aussitôt de la prison ouverte,
Le silence envahit la montagne déserte.

* * *

Mais cependant qu'il prend la fuite, le démon
Retourne encor un œil inquiet vers le Mont,
Et ce qu'alors il voit ranime sa colère ;
Car l'autel se relève au chœur du sanctuaire,
Les moines, revenus, en montent ses degrés,
Et le purifiant souffle des chants sacrés
Frissonne aux pointes des ogives et s'élève,
Balayant comme les vapeurs d'un mauvais rêve
L'outrageant souvenir des sombres jours d'hier
Où le Mont fut un vestibule de l'Enfer ;

Et voici qu'en effet l'incomparable enceinte
Qui fut bagne et prison redevient l'arche sainte
De la prière et le reposoir de la foi,
Et Satan courroucé regarde encore…

        Il voit
Cheminer vers le Mont des pèlerins en foule,
Vague humaine, qui sur les sables se déroule
Quand la vague marine accomplit son reflux.
Le consolant chemin qu'on ne pratiquait plus
Et que les rois de France avaient suivi naguère
Ils l'ont repris ! Le noble et pieux cri de guerre
Des anciens chevaliers « Saint Michel, au secours ! »
Est le refrain de leurs cantiques. Et toujours
Ils viennent, et toujours… !

        Magnifique journée
Où ta statue, Archange, est enfin couronnée
Du diadème d'or que Rome t'envoya,
Tandis que, commentant l'immense *Alleluia*
Qui de ces vingt milliers de poitrines s'élance,
Un évêque, la crosse en main comme une lance,
Le point d'or de sa mitre attirant les regards,
Prend pour rostre imprévu la crête des remparts,
Et d'en haut, haranguant la foule qui se presse,
Acclame, en un élan de vibrante allégresse,
Celui qu'on vient prier *au péril de la mer !*

Le regard de Satan s'allume d'un éclair :

— « Au péril de la mer ! Ah vraiment, ta victoire
Archange, tu la crois acquise et péremptoire ?
En es-tu sûr ? Et si, grâce à mon art subtil,
Je trouve le moyen d'écarter ce péril,
Ta fameuse victoire, alors, où sera-t-elle ?
Car ta couronne vraie, Archange, n'est point celle
Qu'hier à ta statue imposaient vingt prélats.
Or, perles et joyaux n'y jettent point d'éclats ;
Mais ta couronne vraie est mobile et dansante,
Irisée au soleil, sous le vent bruissante,
Faite de flot marin et d'un fragile ourlet
D'écume dont la mousse a la blancheur du lait.
Ce cercle unique et merveilleux qui t'environne,
Ce *péril de la mer*, cette humide couronne
Que le monde contemple avec étonnement
À qui tu dois que ton sauvage isolement
Ne soit troublé que par ceux-là dont le courage
Affronte, pour prier, le périlleux passage,
Je prétends qu'à jamais elle n'existe plus ;
Et c'est aussi pourquoi, de mes deux bras velus
Que ta dextre puissante injustement méprise,
Cette couronne-là, moi Satan, je la brise ! »

Un grand bruit remua le sol au même instant,
Car, brandissant un roc gigantesque, Satan
Venait de le lancer au travers de l'espace,
Et le roc, fendant l'air comme un boulet qui passe,
Avec fracas subit et profonds grondements,
Se brisait sur la grève en milliers de fragments

Et la Digue allongeait sa courbe de couleuvre.

Lui, Satan, contemplait en ricanant son œuvre :
Ce perfide chemin, à tous venants ouvert,
Découronnait le saint du *péril de la mer*,
Et, jusqu'au cœur du Mont poussant sa fourche aiguë,
Y versait le venin de la Bête vaincue !

VII

Pèlerinage

À ma mère.

PÈLERINAGE

I

Nous avons pris bâton de route et gibecière ;
Nos rudes brodequins qu'a cendrés la poussière
Sont là pour attester notre départ lointain,
Car nous marchons depuis le nocturne matin,
D'abord à travers champs, puis à travers les grèves,
Heureux de voir que pour nous saluer se lèvent
Les feutres paysans et les bérets pêcheurs.
Mais aujourd'hui, bien mieux que de vains voyageurs
Poursuivant l'aventure au gré de leur caprice,
Nous sommes les soldats d'une sainte milice
Qui s'en viennent, épars, au lieu du rendez-vous.
Pour armes nous avons nos cœurs et nos genoux.
Au bout du clair ruban le vieil emblème brille ;
C'est, fixée au manteau, la petite coquille
Dont s'ornèrent la cotte et le pourpoint des rois
Qui vinrent, l'un Bourbon, après l'autre Valois,
Visiter saint Michel et lui demander *ayde*.
Leur souvenir touchant et glorieux précède
Tous ceux que nous voyons avec nous accourir
Pour empêcher un culte auguste de mourir.
Sous le porche du Mont disparaît et s'écoule
Avec un pittoresque inattendu, la foule ;
Et, pèlerins ainsi que tous ces inconnus,

C'est pour prier aussi que nous sommes venus !

II

In hymnis et canticis.

Par les étroits lacets de la ruelle en pente
Le flot des arrivants confusément serpente.

« Pitié pour nous, Seigneur », chantent-ils. « Oubliez
Nos crimes. Pardonnez nos coupables offenses
Et retenez l'éclair brandi de vos vengeances
Puisque nos cœurs contrits gémissent à vos pieds…

« *Miserere, Miserere !* »… Leurs voix profondes
Tintent au granit noir de l'étroit corridor.
Ils montent lentement… Ce n'est point l'heure encor
Où les cœurs enivrés en un seul cœur se fondent.

Mais sans doute ils seront remués avant peu,
Par les frissons sacrés d'une fièvre unanime,
Puisqu'ils vont, sur ce Mont que leur concours anime,
Acclamer saint Michel et son suzerain, Dieu.

Sur l'esplanade où la multitude se presse,
La clochette de cuivre a tinté pour la messe.

L'autel est érigé sous la tente. Le vent
Fait claquer l'oriflamme et trembler la bougie.
La foule qui sur les remparts se réfugie,
Y figure les grains d'un rosaire vivant.

Tout à coup entonné par le prêtre, s'élève
Un chant grave que tous ont repris aussitôt,
Et le grand vent du large en emporte l'écho
Vers les coteaux brumeux qui limitent la grève.

Ah ! la vague de foi va déferler au loin,
Qui, dans ce moment-là, passe sur tous ces hommes !
« Chrétiens, soldats du Christ, nous serons et nous sommes,
Credo ! Nous en prenons saint Michel à témoin ! »

Mais le soleil fléchit dans le jour qui s'achève,
L'ombre du Mont s'allonge aux sables de la grève !

Un cantique, à présent, sonne sur le rempart
Où la procession innombrable s'avance.
Il évoque aux remous de sa forte cadence
Les héros morts ici sous un même étendard ;

Tous ceux-là, moines saints et brandisseurs d'épées
Qui sous la hache anglaise ou le plomb huguenot

Tombèrent, arrosant la gorge du créneau
D'un sang qui rejaillit en gerbes d'épopées.

Car il fait retentir aux mêmes lieux l'appel
Dont ces vaillants faisaient leur ardent cri de guerre,
Et qu'ils jetaient encore ainsi qu'une prière
Quand s'envolait leur âme : « *Au secours saint Michel !* »

III

> *Et draconis effugatur*
> *Inimica legio !*

Puis nous avons repris notre bâton de route,
Et, d'un pas régulier, nous avons franchi toute
La grève dont le sable est doux à nos talons.
À présent s'ouvre la campagne où nous allons
Par les champs, les chemins, les bois et les villages,
Voir se renouveler toujours les paysages.
Puisque c'est une fin d'étape où nous voici,
Faisons donc un moment, compagnons, halte ici !
Mais surtout vers le Mont que le couchant colore,
D'un suprême salut pour l'honorer encore,
Retournons-nous !
              La côte aux tertres ondulés
Où le vert pâturage alterne avec les blés
S'arrondit doucement en gorge de faucille.
Et lui, triangle bleu que couronne l'aiguille
De sa flèche, le Mont domine tout cela.

Formidable géant de granit il est là
Qui semble, ramassé dans ses fortes murailles,
Épier sous l'armure un appel de batailles.
Mais, roche militaire et sacrée à la fois,
Il offre à saint Michel un merveilleux pavois.

Ô messager de Dieu, fléau des mauvais anges
Prince resplendissant des célestes phalanges,

Sur cette flèche, où ta statue aux ailes d'or
Érige en plein azur son immobile essor,

Nos yeux suivent l'éclair vermeil de ton épée
Qui terrasse la Bête à tes genoux crispée !

Le cri dont tu menais naguère, au Paradis,
Le bon combat contre les serviteurs maudits,

Quis ut Deus ! ce cri légué par les ancêtres
Nous en souffletterons l'orgueil des mauvais maîtres ;

Et sachant sur la foi des vieux textes, combien
De miracles prouvés ton secours nous obtient,

Nous voulons joindre une prière à la louange :
— « Daigne, daigne nous rendre, ô tutélaire Archange,

L'humble foi qui, jadis, dans les siècles pieux,
Veillait, lampe fidèle, au cœur de nos aïeux ;

Le repentir aussi, pour cette longue offense
Dont ose braver Dieu notre oublieuse France ;

Et, pour Elle, obtenant le suprême pardon,
Rends-nous l'antique espoir en l'Éternel Guerdon ! »

Le Couesnon dans sa folie,
A mis le Mont en Normandie.
    (Dicton breton.)

— Si bonne n'était Normandie,
Saint Michel n'y serait mie.
    (Réplique normande.)

Figures et Choses du Passé normand

« Pour nous guider sur notre sol,
nul ne peut suppléer nos pères. »
    Maurice BARRÈS

LES WIKINGS

À Ch.-Th. Féret

I

« La force de la tempête aide le bras de nos rameurs. »
Aug. Thierry

Guerriers géants, pour qui les fougueux destriers
Ont de trop souples reins et des membres trop grêles,
Et plus accoutumés à guider les nacelles
Qu'habiles à chausser l'anneau des étriers,

Ils aiment, ces hardis et fiers aventuriers,
Sur l'océan cabré lancer leurs barques frêles,
Et voir les ouragans s'évertuer contre elles
En assauts véhéments, pour d'autres meurtriers.

À leurs témérités le vent est favorable !…
Qu'il rugisse ! — Jamais l'effroi glacé n'accable
Leurs bras nerveux crispés au bois des avirons ! —

Il les pousse à la terre où bientôt ils pourront,
Dans l'or du sable humide ou les rochers d'une anse,
Planter, en signe de conquête, un fer de lance !

II

A furore Normanorum libera nos Domine !
(Invocation des Francs.)

Quand le couchant rougeoie à l'horizon des grèves,
Quand le sang coule, et quand l'acier vole en éclats,
Ils aiment s'enivrer, ces autres Attilas,
Du chant victorieux des haches et des glaives.

Ils vont !... Et les tocsins pressent leurs notes brèves,
Présages assurés de lamentables glas.
Ils vont !... Et les vaincus, terrifiés et las,
Fléchissent les genoux pour implorer des trêves.

Des cendres que leur bras destructeur amoncelle,
L'épouvante surgit, tragique, universelle,
Car ce n'est pas en vain qu'au rivage lointain

L'alerte et vigilante aiguille de leurs femmes
A naguère éployé, sur leurs blancs oriflammes,
Les ailes du corbeau symbolique d'Odin !

III

« Quel radieux matin se lève au Walhalla. »
Ch.-Th. Féret.

Mais qu'à la fin, au cœur mortellement atteints,
Ils tombent sur le sable ensanglanté, ces braves,
Et que sur l'azur clair de leurs yeux déjà caves
Pèse la griffe inexorable des destins,

Avant qu'aller revivre en d'éternels festins,
À jamais affranchis des mortelles entraves,
Un regret les étreint des côtes scandinaves
Dont ils ne verront plus les horizons lointains.

Mais, au pressant appel de la nuit souterraine,
Opposant la fierté d'une lèvre sereine,
Et brûlant de franchir le seuil de l'Au-delà,

Ils expirent, bercés d'espérances sans borne,
Le front déjà tendu vers ces coupes de corne
Où la bière, à flots blonds, ruisselle au Walhalla.

ROLLON

Sous l'effort combiné des rames manœuvrées,
Les esquifs, mollement bercés au flux mouvant,
Cinglent vers la Neustrie où le hasard du vent
Porte Roll, exilé des natales contrées.

Et le couchant lamé de bandes empourprées,
Incendiant la mer que leur flottille fend,
Présage les cités qui flamberont devant
Les pirates vomis par les nefs exécrées.

Mais ces feux s'éteindront que les hommes du Nord,
Vont encor allumer à la gloire de Thor
Dont le culte sauvage exaspère leur zèle,

Car, le bandeau ducal ceignant leur chef au front,
Les héros, après lui, bientôt abjureront
Le dieu de Roll vaincu par le dieu de Gisèle.

ARLETTE

Falaise, 1027.

Les premiers ducs normands ont bâti sur ce bloc
Gigantesque, au-dessus du val profond où l'Ante
Sur son lit de cailloux, court, s'étale et serpente,
Le fier donjon carré qui se cramponne au roc.

C'est en ces murs, narguant assaut, surprise ou choc,
Que vit le duc Robert. Le pennon qu'il y plante,
— Aux léopards jumeaux sur la pourpre sanglante, —
Protège au loin la plaine ouverte par le soc.

Or, au pied du rocher, une enfant fraîche et blonde,
Mirant sa gorge blanche et ses yeux bleus dans l'onde,
Plut au duc qui passait, certain jour, à cheval.

Et Robert ayant dit : « Qui donc es-tu, fillette ? »
De la jeune inconnue apprit ce nom d'Arlette,
Par lequel le donjon allait s'unir au val.

GUILLAUME

Devant sa statue équestre, à Falaise.

Le fougueux cavalier dont l'inflexible paume
Fait sous le mors brutal frémir son étalon
Porte le sang mêlé d'Arlette et de Rollon :
C'est le Bâtard, le Conquérant, le duc Guillaume !

Un diadème d'or ceint l'acier de son heaume ;
L'éperon d'or jette un éclair à son talon,
Et son bras menaçant l'usurpateur félon
Déchaîne son armée à l'assaut d'un royaume.

De sa dextre émergeant de la cotte de mailles,
Le chef, à ses soldats, désigne les batailles
Prochaines et promet de splendides butins.

Et l'étendard, brandi d'un geste de victoire,
Semble éternellement gonflé du vent de gloire
Dont le souffle poussa les Normands vers Hastings.

TAILLEFER

Hastings, 1066.

Le heaume en tête et bien campés sur leurs arçons,
Les chevaliers normands chevauchent en bataille ;
Mais, en avant du front, un guerrier haut de taille
A lancé son cheval et clame ses chansons.

Guillaume distingua parmi ses échansons
Cet habile jongleur en un soir de ripaille.
Il vécut ignoré parmi la valetaille,
Il va, le premier des preux, aborder les Saxons.

Et tandis que l'armée approche des redoutes,
Ses hardis compagnons en frémissant écoutent
La rude voix qui les entraîne au choc sanglant.

Car, contre son écu heurtant sa lourde épée,
Taillefer, évoquant l'immortelle épopée,
Leur dit l'empereur Karl et son neveu Roland.

MATHILDE

> La légende attribue à la Mathilde la tapisserie de Bayeux.

La Reine songe : Ainsi, quand mon noble Bâtard
Fait au loin resplendir la bannière écarlate,
Dont les plis, où l'écu de Normandie éclate,
Portent l'ongle tendu du double Léopard,

Je languis oubliée à l'abri d'un rempart
Où le vol des corbeaux est le seul qui s'abatte,
Et, moins femme du chef que butin du pirate,
Jalouse d'un triomphe où je n'ai point ma part !

Que les humbles travaux auxquels mon art excelle,
Réservent à Mathilde au moins quelque parcelle
D'une gloire qui rend princes et rois jaloux… !

— Et, dès cette heure, assise à son métier, la Reine
Aux mailles de la trame enchevêtra la laine,
Et l'Épouse fixait les gestes de l'Époux.

SAINT-ÉTIENNE-DE-CAEN

Le Conquérant vieilli songe à sa fin prochaine,
Car, de ses fils rivaux flairant la trahison,
Il craint qu'entre les deux guépards de son blason
Un duel sans merci, lui mort, ne se déchaîne.

Si pour tous les péchés dont il porte la chaîne,
Il lui faut acquitter pénitence et rançon,
Que le geste, du moins, profite à sa maison,
Dont il va s'arracher au feu de la Géhenne !

Hommage au Dieu qui protégea son étendard
Saint-Étienne surgit de terre. Et le Bâtard,
— Soucieux des piliers, des voûtes, des chapelles,

Plus qu'autrefois de ses esquifs aux dragons d'or, —
Vit un jour s'affirmer, comme il régnait encor,
L'essor vertigineux des flèches fraternelles.

LES CROISADES

Sur le monde chrétien, tel un héraut de Dieu,
Dressant le crucifix qu'il porte à sa ceinture,
Un ermite, aux pieds nus sous la robe de bure,
A lancé tout à coup sa harangue de feu.

Et l'Occident entier dont la pitié s'émeut
Des maux qu'aux mains des Turcs Jérusalem endure,
Docile à cette voix ardente qui l'adjure,
— Tout l'Occident s'ébranle aux cris de « Dieu le veut ! ».

Mais, parmi ces partants que l'Orient fascine,
Et qui, flot débordé, roulent en Palestine,
Seuls Croisés que déjà la victoire ait fait grands,

Marchent, sous la bannière écarlate brandie
Du duc Guillaume et de Guiscard les Conquérants,
Les Normands de Sicile et ceux de Normandie.

OLIVIER BASSELIN

À Paul Harel.

L'EAU

« Breuvage de pénitent. »

O. B.

En touchant ce breuvage où manque tout piment,
Ô femme qui voudrais que mes lèvres se souillent,
Si j'allais disputer leur empire aux grenouilles
J'infligerais grand honte au pays bas-normand.

Femme, l'eau peut suffire à ma maigre jument
Pour que sur les chemins ses jambes se dérouillent,
Je cesse, quant à moi, de priser nos andouilles
Si le pommé ne les arrose abondamment.

Quel tort mon pichet roux fait-il à ta marmite ?
Mon coffre de buveur est-il ventre d'ermite ?
D'où me viendra l'esprit si d'eau mon verre est plein ?

Fi ! n'aimes-tu donc point, femme, chanter et rire,

Et partager, avec le lit de Basselin,
La gloire qu'à mon nom donnent mes « Vaux de Vire ? »

LE CIDRE

> Faute de mieux de bon pommé
> Bien souvent je prends une dose.
>
> O. B.

Si Dieu fit l'an dernier favorable à la pomme
Et le cidre si bon de l'autre pilaison,
Vraiment serait-ce pas étrange déraison
Que de ne point user des biens qu'il donne à l'homme ?

Aussi, femme, ai-je bu chemin faisant, et comme
Le marché d'où je viens est loin de la maison,
Bu si bien qu'il te faut hâter ma guérison
En me mettant au lit où je veux faire un somme.

Suis-je ivre ? Ce n'est pas ma faute à parler franc
Car, outre que le cidre est fort désaltérant,
Ma roublarde jument, dès que la chaleur règne,

S'entête à s'arrêter devant le moindre toit
Où se balance au vent, en manière d'enseigne,
Le vert bouquet de lierre indiquant qu'on y boit.

LE VIN

> Entre vous gens de village
> Qui aimez le roi françois
> Prenez chacun bon courage
> Pour combattre les Anglois.
>   O. B.

Plus de fruits aux courtils, plus de porcs aux étables,
Plus la moindre volaille au fond des guerneliers,
Mais partout ces gibets où, bel et bien liés,
Peuvent pendre demain nos membres lamentables ;

Nous faut-il donc devant ces « godons » redoutables
Déserter nos logis, gîter en nos halliers
Et, quittant les trésors que gardent nos celliers,
Les laisser accouder leur ivresse à nos tables ?

Non mes gars, espérons, car contre eux je prétends
Que les clairons du roi, parmi nous éclatant,
Réveilleront bientôt la province engourdie.

En ce jour qu'ils seront boutés de Normandie,
À ma cave avec joie arrachant son bijou,
Je défonce mon fût de bon clairet d'Anjou.

ROUEN

Des plaines d'Italie où dans les cités d'or,
Les marbres des palais s'ornent de nymphes nues,
Quand les Lances du roi Charles sont revenues,
Quelque chose, en deçà des Alpes, était mort.

Aux Francs inassouvis qui l'ignoraient encor
Ce sol a révélé des beautés inconnues,
Et le temps est passé qu'ils tendaient vers les nues
Leurs âmes dont la pierre éternisait l'essor.

Mais le Soleil gothique, avant qu'il ne s'efface,
Veut dire aux horizons d'où l'art nouveau le chasse,
Un adieu magnifique, incomparable et fou :

Et, penché vers le fleuve où triompha son culte,
Du suprême faisceau de ses flèches, il sculpte
Les flamboyants clochers de la cité de Rou.

MALHERBE

« Son œuvre vraie est celle de ses successeurs. »
Adrien Mithouard

Non, je ne serai pas le gandin qui s'obstine
À dénigrer en toi le poète sans art,
À pleurer sur le clos où musait un Ronsard,
Détruit par toi, tardif bûcheron de Gastine !

La langue, où pénétrait trop de sève latine
Et lasse de pousser ses rameaux au hasard,
S'épuisait. Mais tu vins l'émonder sans retard,
Et quel splendide été ton culte lui destine !

Qu'importe que tes yeux, ô vieux Maître normand,
Se ferment sans avoir encor vu l'ornement
Des bourgeons et des fruits sur les branches paraître,

Si le Temps sent déjà frémir sous son talon,
L'heure à laquelle, aux champs de la Ferté-Milon,
Les mains, les douces mains du Vendangeur, vont naître !

CORNEILLE

« C'est bien le fils des hommes
descendus des mers gelées. »
Jules LEMAÎTRE

À Léopold Delisle,

En coultre ils ont forgé l'ancien glaive de fer,
Taillé leurs avirons en aiguillons de frêne,
Et la charrue aux mains, ils fixent sur la plaine
L'ondoiement infini des vagues de la mer.

Puis au vaste pays qui leur était offert,
— Heureux foyer, greniers fournis, étable pleine,
Prés herbeux, champs de blé, troupeaux donneurs de laine,
—
Des laboureurs sont nés des pirates d'hier.

Mais terriens à l'humeur peut-être chicanière,
Ils ne sauront tenir leur âme prisonnière
De l'enclos que limite un cordeau pointilleux ;

Libres, ils ont gardé le rêve des aïeux

Dont le fougueux génie, au jour qu'il se réveille,
Fait d'un petit robin de Rouen Pierre Corneille.

Barbey d'Aurevilly

« Quand ils disent de partout que les nationalités décampent, plantons-nous hardiment comme des *termes* sur la partie du pays d'où nous sommes et n'en bougeons pas. »

J. B. d'A.
(Premier Memorandum)

À Mlle Louise Read.

BARBEY D'AUREVILLY

*Devant son buste à
Saint-Sauveur-le-Vicomte.*

I

C'est nuit noire sur Valognes
Où pleuvent des torrents d'eau ;
Dans leur chenil sombre grognent
Les chiens des Mesnilhouseau.

À cette meute qui gronde,
— À cette eau criblant les toits,
Nul autre bruit qui réponde
Qu'un bruit de sabots de bois !

Une lanterne clignote
Au-dessus des deux sabots,
Derrière elle une ombre flotte
Dont le vent gonfle le dos.

Ce passant d'étrange sorte,
Sous sa grande cape à plis,
Voilà qu'il *toque* à la porte
De l'hôtel Touffedelys,

Et vite se réfugie

Dans le grand salon fané,
Où préside l'effigie
Du Bourbon guillotiné.

L'heure sonne à la pendule
Que surmonte un jeune Amour :
— « C'est vous l'abbé ! » dit Ursule,
— « C'est vous ! » dit Sainte à son tour.

Mais par extraordinaire
Le nouveau venu se tait
Et regarde, avec mystère,
Fierdrap préparer son thé.

Puis les mains devant les flammes
Et les pieds sur les chenets,
Il tourne vers les deux femmes
L'aquilin fier de son nez :

— « Eh bien ! dussiez-vous me croire
Fou, dit-il, ou radoteur,
(C'est une incroyable histoire),
Je viens presque d'avoir peur… ;

« Sous le Christ de la grand'place
À moins de cent pas d'ici,
J'ai, de mes yeux, face à face
Vu Des Touches, moi Percy ! »

II

Des Touches ! Ce nom-là, jeté dans le silence
Du grand salon fané qu'éclaire un feu d'hiver,
Fait se tendre les fronts et passer un éclair
Dans tous les yeux déjà chargés de somnolence.

Tous ici l'ont connu le hardi partisan
Dont la barque légère, étroite et périssable,
Quittant pour l'océan l'abri secret du sable,
Entretenait l'espoir du lys agonisant.

Et voilà qu'en leurs cœurs tout un passé bouillonne,
La cendre des espoirs éteints frémit en eux,
Ils revivent le temps tragique et glorieux
Évoqué tout à coup par ce nom qui rayonne.

Or un enfant est là que sa mère a laissé
Par mégarde veiller malgré l'heure tardive ;
L'abbé parle… Il écoute… En son âme attentive
Pénètre sourdement le charme du Passé.

III

Mais le petit enfant depuis lors a vieilli :
Il a quitté sa Normandie, et c'est un homme,
Un chroniqueur encore ignoré mais qu'on nomme
        Jules Barbey d'Aurevilly.

Les cheveux en broussaille et la moustache épaisse
Le front haut, le nez fier, il porte dans son œil
Vif et bleu, le reflet d'un magnifique orgueil
        Que la vie outrage sans cesse.

Carrure de géant, torse puissamment beau,
Le col bas cravaté d'arrogante manière,
La nacre d'une rose orne la boutonnière
        La dentelle pend au jabot.

Le trottoir est sonore au pas de sa bottine.
Drapé dans son superbe et romantique ennui,
Il nargue insolemment un vain siècle qui suit
        L'étroit sentier de la routine.

Mais, pour l'amour du Beau, quand ce vaillant revient
De quelque téméraire et nouvelle croisade,
Il lui faut affronter la poursuite maussade
        Du maigre pain quotidien !

Gentilhomme, il écrit comme un serf de la plume !
C'est à donner, en quelque insipide journal,
Un alerte épilogue au fait divers banal
        Que ce grand esprit se consume !

Mais quand son patient labeur est accompli
Le poète reprend son vol : Barbey retourne
À l'œuvre que toujours la loi de vivre ajourne,
        Il y penche son front pâli.

— Et peu à peu la nuit de sa chambre s'entr'ouvre :
Il revoit, chemins creux, humbles toits, clochers gris,
Coteaux herbeux, vergers aux pommiers rabougris,
        Tout son pays qui se découvre.

Barbey rêve en silence et, le front dans ses mains,
Il reconnaît bientôt, qui bourdonne et qui vibre,
Tout le concert des voix de son enfance libre
        Passée au hasard des chemins.

Il écoute ronfler les rouets des aïeules,
Sur leurs lèvres languir les récits d'autrefois,
Et recueille au profond trésor de leur patois
        Les vieux mots qu'elles savent seules.

… Ah ! rêve, va ! Le jour stupide peut briser,
Poète, ton superbe essor. Mais que t'importe ?
Chaque nuit te refait l'envergure plus forte
        Et capable de tout oser.

IV

    Tant que des gars en « limousines »
    Le bâton de frêne au poignet,
    S'en iront aux foires voisines
    Où trébuche l'argent gagné ;

    Tant que les cloches ébranlées

Pour Dieu, les vivants ou les morts,
Prolongeront dans nos vallées
L'écho profond de leurs accords ;

Tant que de l'ancêtre pirate
Le fils devenu paysan,
Gardera, sans que rien l'abatte,
Son cœur libre de partisan ;

Tant que notre terre normande,
Mine aux si généreux filons,
Verra les fleurs de la Légende
Pousser au bord de ses sillons ;

Au cœur de ta chère presqu'île,
Mainteneur de tout son passé,
Que ton buste noble et tranquille
Veille comme un terme dressé !

Planté droit ainsi qu'une hampe
Sur le sol natal, te voilà
Qui peux, si la race décampe,
Rugir encore : Halte-là !

Laisse, Barbey, ceux-là qui raillent
Ton romantisme extravagant :
Ces deux beaux profils de médailles
Des Touches et la Croix Jugan,

Géants qui ne sauraient se rendre,
Calmes guetteurs de l'horizon,
Sont à jamais là pour défendre
Ton nom, ta gloire et ton blason.